Nico Bleutge
schlafbaum-variationen

Nico Bleutge

schlafbaum-variationen
gedichte

C.H.Beck

© Verlag C.H.Beck oHG, München 2023
www.chbeck.de
Umschlaggestaltung: Rothfos & Gabler, Hamburg
Umschlagabbildung: © Shutterstock
Satz: Fotosatz Amann, Memmingen
Druck und Bindung: Pustet, Regensburg
Gedruckt auf säurefreiem, alterungsbeständigem Papier
(hergestellt aus chlorfrei gebleichtem Zellstoff)
Printed in Germany
ISBN 978 3 406 79854 2

myclimate
klimaneutral produziert
www.chbeck.de/nachhaltig

I.

anfangen, wieder

dies nagen, ineinanderdrehen

von wolken, beginn: nicht eine
silbe zum stehen, stauchen

alles drin. gedrippelt und gedoppelt
stoppelnder sinn. schon fönt es

die brust, wenn die plitschernde nahe
kommt, quappig, gebadet, wohin

wohin. und was, was ist es, das
du hörst, tröpfelnde, zu schmatzen

zu kauen, den rücken wohlig durch-
zustrecken. denkt nämlich einer

mit glucksen im bauch wieder, käme
die geister zu meistern ferner rausch

muß er doch lauschen, mit hasigen
ohren, blicke tauschen, fragen der kleinen

stimme, was sie sieht, mit blubbern nach-
zieht oder vor-, erwachen die laute rings

nicht am kopf berührt

werden. vom arm nicht wollen, nicht
gepuckt sein wollen. beflügelt der anfang

wenn, aus der ferne, so viel nicht mögen
heißen kann. als wäre es meer und land

und der alles deckende himmel. mischt
nur geruch hinein, sucht mit den augen

nicht dich die warmgehaltene pflanze? milch-
räume, keime der dinge. irgendwes' fühlen

auch die fische kommen herauf, wischen
nachthaltend wieder durch ihren schlaf.

aus kupfer die mondkralle, und wie
die quelle dem strom folgt. molchig

wenn alles gähnen ist, gäumlings. singen
heißt nicht das herz zu verwalten? spucke

spucke bewohnt hier noch immer die luft
mulchtau, flaum an den ohren

was ist diese wärme,

ärmelig hell, die an der schläfe, braue
die an den haaren spürbar wird (kochende

welle, solarfeld aus puckernden stellen
oder ausbreitung des lichts im vakuum). war

so in ihrer welt, ein zappeln, lehnen, und bald
die müdigkeit in ihren zaum gedreht.

kommt fieber in schwärmen? jeder vogel trägt
einen lichtpunkt im schnabel. zehntausend elstern

zur brücke gefaßt. mit mücken gestrasst, ein spei-
chern dieser temperatur, zahllos, blühend weiß

in wiegender luft. was wiegt luft? wenn sie leer
ist vom singen (gesang), vom summen

loser folgen, bis der schlaf einfällt. keeeeea
schreit der kea, hū hū hū der matuku (wie blüten

sind ja silberne wolken auch). und müd, von ihrem
hüpfen, die steine. rheinsteine, heller als gras

streunen, trauben, zwei augen

im dunkel, im dunklen raum zwischen
den blasen (*gute nacht, gute nacht*), wie

untergrund, wie rasen – *oder vielleicht
grundwasser* – ihren schemen, murmeln

das sie sucht, was macht gorilla, was der elefant
im schlaf. spüren sie laute zu farben,

sehen zum ersten mal schnee? spuren
im schauen, die muskeln lösen sich, schlafen

wir am ende ein? aber richtungen gibt es,
mild. wie musculus. oder maus. wie voller muße

die banane schleppen. musa. von ihr sprechen.
schlafzeilen. mondsichel wandert. müssen alle

zurück in den zoo. ob sie verschwinden
wie ruhe (oder zeit aufheben). atmen wir langsam,

atmen die tiere mit. gürteltier wandert, löwe
sieht sich noch einmal um. knochenfund. schritt

babecke hame

so handsam, becher, bestenfalls beeren
von kräftigem blau, am rand ein weiß

fast ohne leere. kannten die blaubeeren
wußten die ranken, nervös, über des breies

haubenden hügeln, und jede beere
aus dem joghurt pulen, schnaufend, nahezu

sumpfig, ein rühren, umspüren von *weich*
wie laub kehren, in gras, oder brauen

von zettelchen, mit wasser, anneka hame,
brauchen die nessel auch und goldraute

(und grieß und gersten, baberkorn)
auf alles blume, daß die zunge heil bleibe

eine weile, und wir nachts besser sehen
gesotten, von einem jeden malter korn,

bedanken spelt mit den spelzen, brühe
mit glas, und pusten, tut den händen gut

die striche jetzt

auf dem papier, schnell auf den tisch
gewischte linien, stelzen, simmernde

schleifen, auf den ärmel, riffe aus licht
wie silben, die man kauen kann

und rasseln farben, weite der spur
der stift ist blau (und *blau* ist *stift*

und grüner, gelber stift ist *blau*)
wird strich und *papa auch*. noch etwas

trinken? oder ist es schon luft, verquirlt
zu knisternder strömung. sammeln wir stifte

packen wir alle wieder aus (hielten das salz
wir für sand). ein kopf hinterm fenster, zwei,

der winterfisch (muräne), und drei
stifte auf den boden fallen, klimpernde klötzchen

wirklich erschienen, aufschichten
feuer anfachen. jede wimper malt mit

und schiebst du den wagen über den sand, großer
wie grüßender, müder gestalten voll, anderer räder
ton lauschend, schliefen fast ein im gehen, siehst

den flaum auf dem kopf der tochter, ooooooooooh
so viele lockogesichter, so viel löwenzahn
zwischen den steinen, dem wie verirrt wachsenden

stadtgetreide, achtsam, beschieden, der weiche nach-
gehend. jedem schub. und schaben die halme nicht am
bug. wandern die körnchen über die finger. sieben

mal sieben gibt keinen rand. was das heißt, so aus-
gespuckt – gepustet (geklaubt). fast vergessen, was
du wiegst, sternel, hinter den scheiben, bleibend

langsam reisend. die kleinen kuppen drücken an den
stoff. und suchst du noch weiter, sagst im wiegen
was du siehst, wollriesen, zirpende mützen, pusteblume

sein und topf. was singen heißt, was vergessen, ziepen
die fühler im genick. dem regen nach, der heran-
kommt mächtig. so als erinnert ton um ton

schneebeere

schneebeere, leichthin weiße mit überhängenden
zweigen. schlaufen. weiße beere, die im kopf ist
über wochen. seekugel. salzige flocken. wochen
aus rückzug an diese ufer. wellen vor augen, salzige
seen. stromern im reisig, ein ziehen in allen knochen
beere, die aufblüht, knollen freisetzt und sande
waldleere, flügel von enten, strandhafer, miere
anemonen, laute wie schuhe, rotfunkel, zinnfang
muscheln, von klippen gezogen, kindliches schnurren
in vorkühlen schatten von kiesel und marsch
an bäume denken, an winzige finger, die haare
duftend nach milch. gespür für getragensein
als verlust, traum, ein unerklärlicher leuchtturm,
ein stumpfes feuer zu sein. kugelig, mit leichtem
fieber, das sich mählich höht, fuchshörnchen sehen,
truthuhn, als häufeln von glut, reisen als innere flut
dergestalt ausharren bei den steinen. in sich
die strudel berühren. gefühl von vergessen,
absencen, weiß, in dieser dichte, schiebt der wind
den umriß einer beere über die wellen

schwemmt sich an, schlingert heran durch das auf-
gewühlte wasser. beere, die kindchen findet, zu sich
nimmt, im sand. kleine hand, die das angespülte greift
es zwischen den fingern zerteilt. weißes, faltiges
tuch, an den spitzen, schwemme, die besprochen
sorgsam zubereitet wird. flutmatsche, mischen der salbe
in kleinen tiegeln, näpfen aus plastik
in die gerade eine fingerkuppe paßt.
ritzte die kleine den daumen, ritzte die haut
mit der sichel ihres nägelchens an, winzige öffnung
die freiliegt, für stunden, freilegt die rote bahn
in papas unterarm hinein die flinken pfeile
wo etwas schlingert, sich die wege suchet,
biene, geistchen, mit den flammenspitzen
geh, du, geflügelte, und hol den honig,
such nach dem nektar, sammel salbe ein
von den blütenkelchen, den grannen der gräser
auf daß der kranke schlummern möge, sorglos ruhen,
neunzig nuancen von rot, mit ihren flutnadeln
bestreichen die augen mit schlaf

ritzung   das geritzte . sitze   sitzend, am ufer
daumen gepuckt. knirren. wie reißen. darunter
nur feiner, der punkt. druckstelle, beißend, seitlich
geknipste sehne, weißfläche. knirschend. knirschende
teilchen, des erinnerns, sprach der wolf, knirschend
wenn man darauf beißt. knirschender biß
von tochternägelchen, geblitzt, knispern, wie fein es
nagelsaum schlitzt. ritze, leicht, in die haut, die finger-
haut, weiß. nistplatz, für tage. schub von kleinen
haufen, wie steigend, wie kriechende pflanze
aber war *blitz, der mich getroffen*. staph. aureus
goldene kugeln im daumen, scharf
gebeizter finger, krabbenfinger, der sich voranbeißt
shrimpshaut, knipsend, knipsende zangen
in diese müdigkeit hinein
                                      lust, eine wand
zu entrinden, kerben zu machen. tagelang
eine fledermaus denken und schrumpfen
schrumpfen zu einem geräusch
knittrig, die adern, das fieder-
blatt, hell

saß auf dem boden ein kind, vom boden her
sprach es: in unser haus, in mein zimmer
ist ein fremder vogel gekommen. vögelchen
brachte nektargras mir in die hände, honig-
gras auf die insel draußen im meer. war die brust
nächtlings von rasseln durchzogen, erstmalig
wolke, flatternd der atem, fuchsluft. sorge
wetzte die steine, wälzte sich unaufhörlich
über die rippen, rispen, entlang der inneren
spelzen. gaumen wie zander. gurrte. kalt
hat es das eisen im frost. der vogel
stieß seinen schnabel in die glut. kein funken
wolle lugte aus dem federnen kleid. legte sich
seitwärts, kindchen, im bett. molkiges moor
ließ die abstände langsam wachsen. süßschmale,
kieselsteine verschiedener art, sie bewegten sich
für momente, gingen mitten durch sie hindurch,
beugte die kleine die arme, zaghaft, nahm den mond
für den hahn. bodden zum baden. span in der hand.
rieb sich die augen mit den gräsern ein

taggleiche, ein hellwerden
schnellwerden von erwachen, er-
innern, daß man sehen, daß man sprechen
kann (hören kann man schon etwas früher)
hitze wieder. von innen. schicken den fuchs vorbei
das wiesel herüber, *ié-kyla*, eine kleine
aua (war es, als ob das dach des hauses
sich plötzlich gehoben hätte), wohl nämlich
erdmaus begrüßt und kaninchen, zeigte sein keckern
mir dachs. *wom wom* der wolf, die hasenwolle
der bär mit seinen dunklen krallen, stumpfender
unkender stein, sich setzend, auf hand, ente macht *kut*
hauch macht *kut,* schluckte, verschluckte ein ei, unter
wasser gerutscht, sank es, schwand es kurz
aus der sicht. klackern, gewahrte bewegungen
am grund, gründelnd, wellendes pfeilchen (wollte
es kaschen) schnell-schnell, hauch macht *kut,* ente
macht *kut,* kleiner kalmar war=ich, mit seinen farben
funken, rot, unter korallen, zwei schalen, hälften, weiß
grau, wischen vorbei, die proben direkt angezapft

*und einmal eine handvoll schafe um einen mast
versammelt, das hinterteil gegen den wind gedreht
die köpfe zur mitte, jeder im atem des anderen.* im
futter einer landschaft. wenige helle zelte sprießen aus
einem meergrasigen untergrund, die treidellinie
als gedanke, seesprossen, fledermäuse, die zum teil
wirkliche fledermäuse sind. ich sah diese schafe
sah ihre wolligen kugeln zu einem flausch gedrängt
ohren im gras, lauschend auf andere schafe
flachswocken, mit ihren klauen den boden drehen
wunderlich nah am mund der nächsten schnucke
auch die kleinsten zugedeckt von der wundwarmen
luft. wuchsen, so schien es, aus ihren mähnen, aus
ihren mähen lauten heraus, schufen sich helles
bellen, heiseres helles polarfuchsbellen, bis
an die wasserränder ringsum. in diesem schweben
hockte das kind, allein vor einem mückenfeuer
schnuffelte wörter in seinen beutel (*waldschafe,
vierhorn-, schuppenschafe*), durch nichts als luft
übertragen, innerlich sinkend, sah ich ihm zu

rund mit den augen im dickicht des schilfsaums
tingeln, *wach* wieder finden – und *schauen*
und luftbeschaffenheit, immer noch ziehen
im daumen, raupen, hörbares wachsen
durchlässig werden für diese fasern, die
halme teilen sich, knicken ab ins flache
wasser, blicke unterwegs mit jedem schritt
durch schlick- und schlammböden, fruchtähren
lösen sich, fliegende schirmchen, ihr treiben
hängenbleiben an einem strauch, weißstrauch
mit bauschigen flocken, und bändern, seidig
gespannt, daran ein kästchen, kapsel aus leder,
holz, aus der ein klopfen, dumpf, vernehmbar
wird (rumpelnde steine, trommeln, ein mit eisen
gefüllter balg?), im näherkommen, acht füße
keinerlei zeichnung, wachsam werden, aufblühen
der zunge, im dröhnen, anlegen der bänder
als ob es seetiere wären, weit unter dem wasser
ein aufdasmeerhinausfahren, wellen durchbrechen
sprechen mit schnellem bug

unzählige stelzen ragen aus dem wasserspiegel, grieb-
lichterne pfosten, mit schlieren, fest erscheint die oberfläche
doch der randsee ist nicht gefroren, spärlich, in milch-
grünen flocken, ribbelt die kälte die uferbuchten entlang
knietief, kommt es mir vor, sitzt das kind kalt, kalt im reifigen
schilf. sitzt und bastelt etwas aus birkenrinde und eich-
katzenpelzen. mit dem knauf, sagt es, hau ich, blubbere
in den töpfen herum, dabei will ich endlich alleine
unter die schneehütte tauchen, fische sehen und was
in deinem kopf ist. tauchen, zusammen, in meinem
anzug, grau. in meinem grauen neoprenanzug, den du
aus deinem finger ziehst. mit strudeln und eingetunkten
ärmeln, puckernd, mit tönen, den trommelkasten von
dem holz des baumes selbst genommen, ziehst, mit salz-
schuhen, funken, die vom wald heraufflimmern, auf
daß feuer erlischt, aber die hitze kommt durch den innersten
riß, mohlwellen, denke ich, kreiseln und werden schneller
in die bucht gespült. durch mich hindurch, in luft
die sich nicht halten läßt, kreiselt, dann, in eine reihe
kleiner tannen, die zügig auf geräusche reagieren

bin ich im eismeer, werden die inneren wände warm
brennender magen, die gans antwortet schnatternd
ungangak. algen schweben, verwandeln sich weiter
in krill, jeder gedanke zieht eine hellgrüne spur
durch diese flutende landschaft, sehr tiefes atmen, ein
aus, klang von metallen, die eine elster alleine
nicht überfliegen könnte. bin ich die insel, stimme
bin ich für das kind, letzter stein vor der offenen
strömung, schwappend, schlenker nach hier
auf die klackernden kiesel, mondtier das kindchen
streckt es die hand nach mir aus, geht sie immer
an mir vorbei. so die beschränkung, so diese kraft
neue töne zu falten, die ausrangierten skier der geister
wieder zum glühen zu bringen. *rote federn*, sagt man,
leuchten im dunkeln. hängend, schwebend
gehen sie durch einen traum. das grün kommt zurück
nicht wissen, ob es hinabsteigen ist. eine von neun seelen
knistert im genick. scheintrance. kontakt mit quallen
wünschen sich schlaf, die tundra aus großer höhe
zu sehen, in einem fluß. bläuliche, blühende quallen

mit einem rehbock reisen, weit unter dem wasser
leichte habe in allem, gewunden in einen strang
dichter wirbel, ausgezehrt in den flanken
verbrauchte sechs schleifsteine, sieben wetzsteine dabei
hunderte schlitten birkenholz. ahnung von brennen
in den gelenken. komm, pferd der steppe, lehre mich
aus der schulter zu atmen
                                      wiehere wie ich
wie das kind durch die öffnung der haustür. rotstelle
die verdeckt ist, suche nach zahlen, finde das laufen
darin, überflutete standorte, selbst sammelte ich
die splitter des holzes auf, hörte die seetiere schnaufen
inmitten von dunst (statistik). die kleider beleben sich
für momente
                        versprengt sein. gespür für verluste
führte jeden knochen mit namen auf, wurde immer wieder immun
das kind lernt die regeln, schwenkt einen birkenzweig
über dem rücken des pferdes. schneewehe, vor-
tauchen, tritt um tritt. dergestalt frei sein
sich in die trommel begeben, den kalten docht im mund
weißer stirnfleck von der größe einer beere
dich tragen, damit keiner dich sieht

funken

(1)

nehme die nase der kleinen
zu meiner nase,
zu meiner hand,
zu meiner tragehand und tragenase
und laß sie nicht allein.

das ohr der kleinen nehme ich,
behandel es nicht schlecht.
ich nenn es: steinchen,
sonne sage ich zu ihm
und laß es nicht allein.

mit der lichten stirn,
den haselfurchen,
horchten wir auf den schnee.
drei nur, flockig umwischt,
sahen die frischen stapfen,

gingen der fährte,
der hellen zuckerfährte,
hungrigen schrittes nach.
funken am himmel, tapser
aus licht, in dieser hütte.

in dieser roten winterhütte
harrten wir, bibbernd, aus.
geduld nur, geduld. mit
meiner winterhand, den -fingern
trage ich sie herum.

(2)

frage ich nicht: warum.
trauen wir den wort-,
den knappen wich-
telworten, so etwas zu?
dies unsere angst,

nicht auf dem laufenden
zu sein, das *rätsel*, voj, das ab-
geknapste hier, grübeln
im kopf (transl.), *zu meinem ohr*
zu meinem mund?

der winternacht kälte
ist stark. steine
funkeln am himmel.
der mond, geputzt,
geht seinen stillen weg.

die fichten weiß auf weiß,
die kiefern, als taghell
duftender klee, so weiß
so überweiß – blaustich
der landschaft,

in der wir gehen, in
der wir sehen: fußstapfen,
winzig, im schnee. uns're
gefangene, verwichtelte
butze. *die laß ich nicht allein.*

(3)

geduld, nur
geduld. das läßt sich
hören, das läßt sich strecken,
während wir, innen, wittern.
ein huschen vor dem fenster,

winzig. goldbrust, silberbrust
auf leisen sohlen. durchs kellerfenster
bricht licht herein. weht schnee
in die hütte, noch nie geseh'n.
aus kiefernholz: der tisch, die schalen

gegossen aus erz. in diesem licht, in
dieser kreideweißen drift: ein schnauben,
hell, das wir mit roten ohren hörten,
nicht auskamen seinem ton.
sahen nur hände, winzig, das käppchen,

nebelkäppchen links, mit der rechten
trieb er die axt ins holz, funkelnde
funkspur die klinge, hielten wir den atem: an.
daß er nit lockte das vogelin,

das feuer im herd nicht erlischt,
tragen wir die kleine, hoj!, mit nase,
mund, mit tragehänden, mit tragefingern,
tragesonnenstern, auf zehenspitzen
mit uns herum, sagen die sprüche
rückwärts her, lassen ihn nicht mehr herein.

II.

besuche im klinikum

das ist die klinik, Regensburg.

das ist der mann
der liegt in der klinik Regensburg.

das ist der raum
für den mann, sechs tage lang
der liegt in der klinik Regensburg.

das ist der plan
der den raum zeigt
und nicht den mann
der liegt in der klinik Regensburg.

das ist der film
in dem der plan entfaltet wird
der den raum zeigt
den mann nicht
der liegt in der klinik Regensburg.

das ist der projektor
der den film abspult
auf dem der plan zu sehen ist
zeigt er den raum
es fehlt der mann
der liegt in der klinik Regensburg.

das ist die landschaft (wäldchen, fluß hindurch)
die den projektor hält
in dem der film sich dreht
der hier den plan erklärt
der zeigt den raum
doch ohne mann
der liegt in der klinik Regensburg.

das ist die dampflok
die durch die landschaft fährt
und den projektor hält
in dem der film schnell dreht
auf dem den plan man ahnen kann
der zeigt den raum
und keinen mann
der liegt in der klinik Regensburg.

das ist der junge mit cowboyhut
der in der dampflok sitzt
und dort die landschaft sieht, mit wasser, wäldchen
dem projektor
in dem der film fast reißt
auf dem der plan undeutlich wird
der zeigt den raum
wo ist der mann?
der liegt in der klinik Regensburg.

das ist eine welt aus gesetzen, versenkt
das ist der junge mit cowboyhut
der mit der stummen dampflok spielt
und an die landschaft denkt
durch die der projektor fällt
in dem der film durchdreht
auf dem der plan verblaßt
zeigt keinen raum
zeigt keinen mann
der liegt im Regensburger klinikum.

das ist ein kopf, der bewegt sich kaum
das ist eine welt aus gesetzen, verschenkt
an den jungen mit cowboyhut
der schnell die lok versenkt
die durch die landschaft fällt
an den projektor denkt
in dem der film, der fluß schon rückwärts spult
auf daß der plan erscheint
der zeigt den raum
und kurz den mann
der liegt in Regensburg sechs tage lang.

das ist die klinik am hang, verdreht
das ist der kopf, der sich nicht mehr bewegt
mit den gesetzen, doppelt eingesenkt
in den jungen, der nicht mehr erzählt
ob jetzt die lok noch fährt
sich der projektor dreht
durch fluß und wald hindurch
wo nun kein film mehr läuft
wo nun kein hut mehr schwebt
der plan ist leer
und ohne raum
das war in der klinik in Regensburg.

hufe zählen

sich elefanten denken, weit in ein untergehendes rot, sich
ihre beine denken, lang, und gestreckt. die schwere
ihrer rauhen füße, wie sie im ziehen, schmal
und schmaler werden. rot, das nicht im kopf sitzt. nicht
in den hügeln. heben sich glieder. beine. heben sich weit
in dieses oben schweben schwerer steine. räume
ein jeder hat sein ding. als ob es knöchel wären. ziehen kleiner
sehnen. spüren sie schatten? spüren gewicht? ins
rot versenken. sich. in diese müdigkeit begeben. wachsein
tiefere blässe. die elefanten harren aus, inmitten von steinen
schwebender leere. langer schlaf in den gelenken
nicht mehr zurückkönnen, durch blaue lippen, blaue
finger, blaue adern auf den nasenflügeln, rotgeränderte
sicht. ahnung von fehlen, von verdunkeltsein
hat keines mehr. die abzählbaren runden. wie alles gelbe
sich verliert. was mit den tönen kommt. rotes gewebe
rote luft. die mulden. klein. ihr beben. und proben fallen ab
die weit sich, über diesem boden, halten. im tauschen
zuhalten auf das rot. rot. rot. rot. rot. die elefanten
harren aus. verbleiben. solange sich die flanken heben
senken. nicht ausgemacht. die hügel. sie zu erreichen

eintreten, zischen. tür
öffnet, tür schließt
                        außen
    sein. schräg
an der liege.

            sehen, dort
stehen
            dort
                    halten
    am kopf

rückgrat gestreckt, hand
gestützt. kein tasten, kein
tick.

        tür öffnet
tür schließt

          lunge liegt

gestützt, ge-
            stürzt

    sieben schubladen
im bein

              schneller
blick auf die lider
                  tür öffnet, tür
schließt. giraffe:
              brennt

druckstellen. pumpen. dieses flache, klackernde
geräusch. im hintergrund. lüfte, in strömen. lüfte
in gold. druckpunkt, der ein *sehr zartes* bläschen

je hinterläßt. flache, gewrinkelte hand
auf den fingern. knöchel. spuren von wärme
von gewicht. anheben. halten. wärme

die aufsteigt. wärme, die geht. finger. alveolen,
schlaf in den bäumen. schlafender sand. morphine
strömen durch seinen arm. während volumen

wolke, sich verteilt. winzige sonden, sonnen
aus luft, die langsam, wie schilde, verglühen
in sich zusammenfallen. nächtens. im pumpen

noch einmal ausgeschickt werden. druckstellen,
alveolen. wärme in luft, luft in frequenzen. halten wir
aus. in diesem strömen. all die klappen auf und zu

sekundenweise druck des katzenkörpers
gegen die schlafhaut, krumme senke

innen im schädel. gras fressen. sich verborgen halten
in den sumpfigen wäldern der gegend

im schlaf ein horn senken. trübes schnauben
ganz von staub umnebelt, fallen sie ein

und die runzligen handflächen, als habe die haut
die farbe gewechselt, sich verhärtet zu etwas wie stein

tierwärme träumen, ledergeruch, eine herde nashörner
die in voller montur durch die gänge prescht

der katze zwei pfoten wegnehmen. wachgemacht
von ideen, formen sie weiter, ein abbild der hand?

sechs sonnen sind eine gewöhnliche erscheinung. vier
ziehen dich langsam zurück in den traum. kein singen

keine zeit mehr, die hörner zu zählen. huf sein,
abwesenheiten. könig schlägt bube. bube

schlägt sieben katzen im schlaf. mummenschanz
die gesichter, mit wachs überzogen, auf suche,

den rauch von rentierhaaren unter der nase. ver-
bunden, im innern, nichts kommt zurück

der körper dreht sich um sich selbst. mit filzhut
und kralle verwachsen. das gras zieht alles an sich

vier lichter blinken in der nacht
ein feld, geteert und federn
es sind die sonden, ihre erdwände platzen
die winzigen sonden in den adern
und die weißen stücke luft an den flügeln
des falters, der sich durch die brustkammer dreht
ein hölzerner fahrtwind, kurvt im schwarzen schlamm
dort, wo das puckern der kleinen tanks anschlägt
wo die herzen gegen überdehnung kämpfen, tock, tock
durchziehen den boden leuchtende nervenstränge
niemand schläft hier unten, niemand, niemand
die ersten, die hinausgehen, spüren in den augen
minutenzeiger, puls astraler nebel
eine schulter für die kaltende hand
es sind nicht die liegenden, die hier ihre lippen
bewegen, mit einer feuermandel auf dem rücken
geruch zu sein und wie geruch zu gehen
daß jedes murmeln beißen, jeder gedanke aseptisch wird
und die zähne, die auf schnee nicht reißen können
ein kleiner pelziger raum
die trauertiere schnüffeln, schleichen um die betten
nehmen ihre fährten auf, sie steigen
in der welt der blätter und der monitore
hier ist kein schmerz in der stimme. hier ist nur erde
es gibt einen mann ohne farbe, der badet im meer

mein hut hat sieben
enden raum, von sieben
enden keines, vertausch
ich mit dem himmel, kaum
im spiegel seh ich eines

verschweben, fast schon
stäubchen sein, mit in die
wolken geben, wie stehen, läßlich,
hungerklein, uns immer wieder
zählen. mein vater, der

heißt léopold, von hüten
trägt er keine. steht golden
sonne im gesicht, und liegt er,
liegt alleine. ich sehe dich
als schattenriß, der vorhang,

der ist blaue. ein haus
leuchtet im brustkorb auf,
das kannst du mir nicht
stehlen. ich mach dir einen
hut aus gras, aus sieben enden

dreie, aus sieben enden
stücker zehn, die schieb
ich dir ins freie. ich zieh dir
die tapeten ab, die katze, die
ist meine, aus fünfe vier,

die zwei dazu, und eines
wird dir fehlen. ein haus leuchtet
im brustkorb auf, im hut, da
steht der mond. die lunge sieht
nach bäumen aus, die

wollen rückwärts ziehen.
ich male dir aus licht ein ei,
das kästchen kannst du drehen,
die hüte und die spiegel,
die gibt es nun nicht mehr.

was ein wunsch wäre

winzige lungen, von flattern begleitet
schiebt sich alles langsam in richtung schlaf
wagnisse tagen, fast im traum
bei stark abgesenkter temperatur
und schwacher herzfrequenz.
                                    humm-,
hummelchen. sich doppeln, im lösen
klein und kleiner werden. die lungen
im dösen, zweite gibt es nicht. schwert-
schnabel. leichte bienenelfe
wie eulen sein, und seine messer
wetzen. handmüde. hungerlos
                                  im sinken
etwas gehen lassen
mit zimtener brust und roter kehle
zur landung ansetzen
kein schnarchen hier. kein dünnes
pfeifen. ein summen nur. humm. humm
bei lahmgelegter zunge

was ein wunsch wäre, schlaf
zu übertragen, wärme
sich in die luftwege schleichen

innen im kopf. die bahnen
und bläschen. tiefer
gerutscht. über nacht

erfassen die augen
die finger den raum
zeichnen ihn ein in die lungen

kein strahlen, nicht mit-
gehen, die strecken durch röhren
schraffuren. trommler voran

für bronchiolen, schwebende
tiere. im fluß zu sein, das
bergen aufzuheben, salze

um grade verändert. was
bleiben wäre, wasser
am daumen, am hals

und schiebt sich fort und vor
gezeichnet, gezähnt
die weiten einzuholen

doch diese augen leuchten gelb noch dicht am sehen
von nüstern, spitzen ohren, laken unter craquelée.
reißlack. das kleinhirn kann die flecken nicht

vergessen. die durch gewebe gehen. bildschirm
leuchtet hell. was in die höhle geht, mit an-
gespannten wänden. von nichts durchleuchtet werden

diese lider, darauf system von blauen äderchen
durchaus zu sehen ist im abgedimmten licht
der klinikdeckenlampe. sind es die arme

durch die ein zucken manchmal springt? ist es
das liegen, wie tiefschlaf und traum? die farbe
läßt sich nicht verwechseln. blinken. nichts lädt sich auf.

das flattern im brustbein. die findlinge kommen von unten
bis an die hände heran, zerdunkelte spannen
dreimal im sand und die spitze zerschilfert

was sie an spuren entdecken kann.
      wir haben den ort verloren
der unter wasser steht

die bagger durchwühlen die luftige erde
ein leuchten im mergel
 das war nur ein traum

ein leuchten im wasser, das war nur ein räumen
 die schauen tief in den graben rein
warten auf, was sich verkehrt: die schlacken, die steine, das aus-

gebrannte erz. zähne, gedanken, läßt sich was rückwärts
erschließen. läßt sich was kosten, ein nagel
aus silber in

die erde schlagen? nun? wolteritz, vika,
lössen. die orte drehen sich ein. und find' sich im wasser
wie eingelegt, -gelagert, dreihundert ellen unterm stein

den flocken folgen, mit der bewegung von schnee
in die verschiebung gehen. einander entgegen
durch lücken. alles trägt sich zu:
die spule, das haus, die lange ausgereiften
pflastersteine. und die frage wer bist du? «du»,
um darauf zu pochen, zweimal noch, als sei der schlaf
in den brunnen gefallen. wiese ist da und der ofen,
äpfel und brote gesetzt. die funken springen
und du weißt nicht, ob du unten bist. goldregen,
großes feuertor. sie sammeln fleißig, was sich finden
läßt. die weichen ins kröpfchen, die harten
ins gebiß der langen nacht. doch warte, warte,
tarne dich gut. die flocken fallen langsam,
langsamer, als du denkst. dazwischen kommt keiner,
ahnen kannst du nicht, wer schüttelt, schüttelt
und im hintergrund die monde teilt. reste vertilgen,
zwei bissen vom schnee. drei sind gewendet, vier
fressen sich langsam zurück in den schlaf. du
klopfst, poch, poch, und träumst, daß du die flocken,
die flocken samt den flocken, den flocken, zusammen-
kommen läßt. in der bewegung mußt du gehen,
siehst als vogel zu. du holst alles wieder herauf

pelzentbehrt

und drüben bleiben, lethe
und blüte, kein beistrich zwischen
den klappen kein knien was
kappt sich im rutschen im kippen
von *dut* zu *mut* das fließen,
vergessen ist nichts, aus den fremden
knospen. ein wort wie rusta,
paste, wie mistral. die muskatnuß
ist nicht die blüte. wer ist schale,
wer ist hand. immer etwas
zu viel, im drehen von zinken,
gedanken, einmal gefehlt. mantel
als blüte, same als nuß. *myn hertz
ist gantzer listen vol.* läßt sich
nicht strecken. pulverisiert, in
streifen, ohne sicht. die nelke spüren,
honig. die lücke, zwischen strang
und strich. die knochen sprechen dich

pelzentbehrt. heißt ohne
stachel? oder die haare eng an
die flanken gelegt? und was
meint pfefferkorn, in diesem sinne,
wütet die mondbrust, sich,
an jeden biber einzeln heran? erst-
mals behandelt, die pelle an-
gestupst, an einer stelle, strich
für strich streng ausgespannt
und mit den fingern nach-
gezogen. schnell ändert sich
der griff, im färben und federn
wollener teile, umfaßt von der faust
nach außen gebogen. stülpt
sich das fell über die ohren
ins innere hinein? bahn schaffen, *den
hemden, schürzen.* wer bringt, in
einer tasche, den pelz auf die stationen

von gram gesprochen. oder
kummer. fast eselig unterwegs sein
auf einem pferderücken. pferd
der sorge, pferd der lunge. sofern
sie zugerichtet wird. mit
glut versehen und gelöscht. bis auf
den letzten strunk. *doch feuer
ist in wörtern gegenwärtig?* chagrin
brennt auf der zunge, zunder
jedem draht, in leichter
verschiebung, lösen körner
sich aus dem sattel. gedanken
granulat. und grau, zwei arten von
narben im gehirn, den alveolen,
was zwischen dick und ledrig
liegt, verzischt (*kann eisenwunden
heilen*), im streifen von hoffen, ver-
binden. da sein, ohne zu verschwinden

eiförmig, herzförmig, und voller
rand. kein rand, an dem sich etwas hal-
ten ließe. die blattadern, -nerven
nicht gerollt. so fest, und gleich, so frei-
gesetzt: geruch. kriechwolle, holz
wolle, vorrückender schlamm. was von den
körnern kommt, geworfen, von
der rispe abgestreift. luftwurzeln
bilden stränge, lungen. wie blut-
zellen strömen, *durch jeden*
körperteil. eine art von gedächtnis?
vor dem laut? or in die klänge einge-
speist, -geformt? als korn, wieder, oder
als rinde, schorf. goldfäden ziehen
ihre spur über den mahlstaub. was
an den fingerkuppen haftet, in der nase
scharf. und stark wird, stärker
vor dem eintritt. wie graphit. oder durst

mit stark verkieselter wand
(dünn, kalkig). zellwand, die bricht
bei berührung. die etwas frei-
gibt, mit druck in die wunde, hände
gehen an das bein. und meint
doch nichts als härchen, kanülen wie
glas? raupen kriechen, ziehen
in langen reihen über die haut. nichts
schmecken. nicht einmal schwarz,
während die haare brennen
machen. ruß. die unrast, im kopf
ein harren, stich, in jeder einzelnen
faser sichelt ein stilett. das isolieren
von wörtern, *schale, hitzefluß*
das testen und schwitzen. *es
infizierte mein herz.* weil es offen
war. drüben. und voller
schlacke. wie eine ritzung am baum

kugelhaft. als wäre körper
frucht. gerundet. isoliert. und rundum
nichts als laute. licht. von wegen
kappt. und *kippen.* dreht die stimme
immer mit? oder zahllose zellen
die streunen. streuen. könnte auch holz
in eine mitte ziehen? sich zer-
reiben, flach, und -reißen, einmal
stachel, schnee? wie die fasern
wandern. sich nach außen
drehen. *und sinkt erst im bogen*
des schlafs wieder ab. diese bewe-
gung mögen. als früheste erinnerung.
fleisch ist bezogen. auf. und in
sich auch. axon. ruffini-körperchen
in jeder nadel. und haar wächst
von den poren weg. lichteinfall, morgens,
wellen, die von luft in wasser gehen

nicht sichtbar sein, unter
den blättern (kelch-). kappe. die
sich in wellen häubt, stäub-
chenweise lockt. pelzig, scheint
etwas durch? *schattn* von
kopf, von zunge (glossa), verlängert,
oder morgenvogel (*scharf
wie rost*). kommt jemand heraus
geklettert, saugt sich an, mit drei
schwarzen köpfen? eisenhut,
die blume wach. mit dem griffel
in die honigblätter, rasch die haut
geritzt und direkt aufgenommen, haar
schwillt an, der ganze gaumen
kribbelt. sprießen doch federn
im rücken, fangen die finger jetzt an
zu glühen. blauelster (flügge)
ihr flattern. eiswasser in den adern

sie brechen nicht, die stränge
einmal quer über die brust gespannt
sie sprechen dich, als knochen
der pflanzen, umwandlung von holz
in kohle, über torf, zu anthrazit
wenn der atem nicht hält, *den gelben,
punktierten*. schlafgrind im hals
und scharf (wie schmerzen), schief
die stengel, wenn man aus resten
noch reste von blätterhaut, von
pollen- gewinnt. mürbe machen,
mazeration. ein schaufeln, schaufeln
entlang der spreiten, bilden verhalten ab
ohne zu wissen warum. krebstiere
klackern, mit schalen. klänge aus strähnen
und stricken, nimmer zu klagen,
pollen zu haben, papillen, immerzu sagen,
schnipp, die narbenlappen sind frei

III.

schlafbaum-variationen

> *The great light cage has broken up in the air,*
> *freeing, I think, about a million birds*

(Elizabeth Bishop)

natürlich kann es sein, daß ich mich falsch erinnere
zersprengt fast zwischen den schritten, dem giebel,
dieser unnahbar kleinen schrift, mit einem ameisenhimmel
im sinn, gefühl für verplombte wörter, *lichtkäfig, freßlack*

plötzlich waren schreie in der luft (von vögeln, unnachgiebig laut),
hunderte möwen kreisten über dem gelände und krähen strichen
mit starkem zug über die glaswand hin. ich war nach draußen gegangen
hatte die kinder gehört, die zu den büschen liefen (wieder die schreie
in der luft). auf dem vorplatz standen zwei männer, mit taschenlampen,
orangen warnwesten. sie unterhielten sich lustlos und schauten
immer wieder kurz zum haupthaus hin.
                                             in intervallen kamen die schreie
jetzt: trockenes, einfarbiges quaken, von einer der pinien, so schnell
gestoppt, es mußte sich um lautsprecher handeln (war mein gedanke
und es war kein gedanke, eher ein gespür, dachte ich, ein häutchen
dazwischen)
              als ich die beiden falken sah, der eine in der luft
der andere mit leicht geducktem kopf auf einem säulenstumpf
aus gips. und er nickte, nickte.
                     die nacht davor
hatte ich das rauschen wieder gehört, ein pfeifen, sirren, pfeifen (trifft
es nicht), in einem schlafbaum, tausende
stare, umgeben von dämmerlicht
das alles mit flocken von schwarz und grün zum simmern brachte.

ich dachte daran, als ich abends am schreibtisch saß
und durch die glaswand blickte. die schatten der büsche waren so groß
wie ihre umrisse, und die baumkronen standen als umgekehrte flügel,
flügel
gegen die luft. mein vater fiel mir ein, seine lust, tiere zu zeichnen
schnell gestrichelte schwarzweiße bilder, auf einer halben
einer viertel seite, die wie comics aussahen. er war sie und sie
waren er, die löwen, elefanten, fledermäuse, die sich streckten
und nach draußen kletterten, in meine nacht. in seine nacht, die meine
war, diese nacht, ohne licht, wo ich saß und an die bilder dachte, linien
die griffen, sich überlappende kreise, das dauernde sitzen
und schlafen, ohne luft, sich halten in strichen und kanten. was es heißt
herauszufallen, aus sich, in der nacht, nicht zu verstehen, wie es ist
angst zu haben und zu vergessen, nachts, in einem großen, grauen
löwenkopf.

     neonstriche fetzten durchs zimmer, schnitten die wände,
schreibtisch, ein stück glaswand auf, blitzten über die bäume
und verlangsamten sich, setzten sich, langsamer werdend, striche,
in der pinie fest. chromgrüne strahlen, zacken, an ästen, glitten,
langsam, in richtung krone, blitzten, verändert, zischten die letzten
stare weg.

     weit im himmel hing
ein schwarzes piniennest. dünnes, luftüberspültes
licht wellte die ränder, reste von grünen strahlen
drehten sich aus der krone, die blassen mondpigmente
konnten nicht mehr bestehen. die falkner am anderen ende
hatte keiner gesehen. das nest war groß, war regen jetzt (und keiner wußte
aus was genau es bestand). die letzten farben
schlugen um in niesel, kalten nebel.

                              am nächsten morgen
waren die stare wieder da (und auch das quaken würde kommen,
das ratschen und keckern, das zirpen, so laut, der falken)
aber die stare, die stare nickten

und was ist niesel, kommt hinein in diesen schlaf
niesel, der sich nicht in phasen teilen läßt. als stimmung,
sorge. denk die vögel in die nacht. sie drehen,
ihre rückkehr aufzeichnen. ihre zahl nimmt ständig zu
kamen nicht falken herein, waren nicht stare
am himmel? lichtkäfig, auf-
gebrochen in der luft
ein sirren wartete, die tropfen, *krähe* kam
und *kind* herausgekrochen, *keckern*. andere
wörter breiten sich aus über die fläche
kochen darin wie flämmchen auf der meereskante
dieses kochen war kein erinnern, kein wellen, eher ein
drehen, blitzen, ein spülen dessen, was kochen heißt,
was bestehen
was die stare im schlaf, die sich sammeln
immer nach draußen drängen in den traum
der umschlägt in helles rauschen. war nicht
trauer darunter, bewegung
immer ein kreisen, körper
gespür, dem eine bärentatze entwuchs, die klopfte,
klopfte, indem sie zu heilen suchte, verletzte?
niesel, gestrichelt. was knochen heißt. was besehen
für immer darin bleiben, leicht verändert, hoffen
daß stare es sind, das rauschen, nicht wissen
ob ein vogel da ist, verschwindet, im traum, der sagt
das alles habe ich mir ausgedacht, für dich, im mai, ich
bin die biene und ich liege hier, ich bin dir ähnlich, weiß nicht
ob es wirklich nieselt, *and all I'm telling you may be a lie*

du hast sie gehört. sie verirrten sich nicht, kamen nachts
in den baum. flocken von licht, die ein rauschen umgab
ein treiben durch diesen raum. dies auflockern können
durchlässig sein für nuancen, jede feder spricht
davon   wohnort von sicht
die an den schnellen flügelschlägen hängenbleibt,
verlieren wird.
    kamen nicht stare
herein, waren nicht falken am himmel. drehten sie sich
in der art, wie falken sich drehen, nicht sich berühren
können, stare nachahmen, im schlaf.
         die stare hattest du
gemeint, nicht die flocken. die stare, als könnten sie sprechen

sprechen hier, für dich
sie folgen ihren routen, aber ihre routen
bestimmst du. streuobst, agrarland
zugang zu trinkwasser haben
       hunderte arten von flug
         in die du kriechen kannst
um sie zu sehen. denken, verschwinden
         sich orientieren
am vogel neben dir, sieben vögel sind genug, wolken
sich überlappende kreise. in ihrem singen
findest du deine geräusche
       durchsichtig sein wie glas
sie setzen sich in bewegung. näher kommen sie nicht
ihre schwärme sind keine pfeile. ungerichtet
vertauscht mit nichts
tragen sie namen (*beschwer*
über dem antlitz der erde)
       als sähen sie, was innen fehlte

warten. sich einlassen können. winzige flämmchen
zwitschern durch deinen schlaf

parkfläche, raschelndes
parklicht (restlicht): das
sind die falken,
panisch flüchten
sie in einen strauch.

falten
auf der falknerstirn.
die schritte, knirschender
kies. wie sie riechen,
die falken, ihr geruch.

ihr appetit
so pfeffrig, rostig
und nicht im bild:
die sie handeln,
sie sich beißen machen

für den sand.
dem klingeln folgen
glöckchen im busch
und rot doch
das gefieder, länger

als ein jahr. wie sie rei-
ßen, still, die weißen
steuerfedern zeigen,
lanner-, *saker-* (weiß
es nicht), am riemen

sich halten, locke
nicht und spitz. ver-
wischt, getitscht
in zweige, scharf
gesägte blätter. nur

eine nachricht
von der faust, die
mit der hand
geschlagen wird. rasch,
rasch ins licht,

etwas verdrücken. etwas
sagen, im zirpen
rostlicht
träumen, falsche

trappen. so
sind die falken bald
schon abgetragen.

von einem fenster aus, plötzlich steht es
offen, durch einen strauch hindurch die sterne
wie sie verschwinden, mit einem schnellen
wischen. vielleicht wie immer ohne geräusch
tauchen falter auf, deren flügel leuchten
ameisenklein von der brechung des lichts
in ihren röhren beginnt luft zu knistern
vielleicht sind es gar keine sterne, was
hinter den zweigen vorbeiwischt
vielleicht sind es kerzen, die plötzlich um-
fallen. in richtung campo verano wehen
vielleicht sind es flocken, die ein eiswind
quer durch den garten fegt
vielleicht sind es spinnfäden oder
taschenlampen, die durch die zweige gehen
vielleicht sind es vögel, stare womöglich
mit einem lichtpunkt im schnabel
der langsam nach innen hin wächst, ein schatten
von schatten, ein *winziger elektrischer blitz?*

auf einem alten fries, wo das abstrakte fort-
treibt, kommen mir punkte entgegen
möglich, es ist eine staubwolke
die ein büffel aufgewirbelt hat
oder der dampfende atem des elefanten
vielleicht ist es auch das bild eines mädchens
in einen bären verwandelt
mit ihrem bogen jagt sie die brüder
in jede richtung fliegen ihre pfeile
die mal wie falter aussehen, mal
wie blitze aus eis, mal wie die hellen strahlen
von taschenlampen. auf der schulter

des bären sitzt ein kleiner falke
mit einem schnabel, der langsam anwächst
an seiner spitze zwei schartige tropfen
aus grauem honiglicht

tiere einzeichnen. mit stiften. leichte zunächst
wie schatten werfen, strich für strich, und sagen
wir haben jetzt falken in unseren gärten. falken
von falknern eingesetzt, was das bewegt. erinnerung
in den gelenken. vibrationen. salz. in jedem lichtstrahl
bricht sich das wasser, marschwiesen, binnenland
schießt ein, die flüge darüber. aber die falkner, hier
die faust, eine lautlose sonne, die den raum nicht
füllen kann.
                       eine seite wie schnee? im licht
sich falken denken, blick für blick. und linien drehen
über spalten, risse. die finger sind nicht frei
von druck, wie falken, die sich ihre wege suchen
das zittern wahrnehmen in jedem ast. auffliegen
der stare. mit schreien. bringen den körper
mit. das körperliche. wie löwen und elefanten
auf der flucht. ein flattern von flügeln. von falknern
angefacht. schieben sie die reihen zusammen?
zu schwanken beginnt etwas?
                          angst hegen
zwischen den stäben, die linien sind zugegen
über der luft, wärme, von außen, bringt langsam
ein scharfes rötliches licht. das nicht die seite
berührt
     ausgedampft bis aufs salz, die linien, licht
und linien, die am körper schlafen, nacht über nacht
herausfallen aus sich, die sich am morgen zeigen
berühren sie wie eine warme hand? stifte
am morgen. die spitzen: scharf, sich halten, in
strichen, die kälte zu messen, finger der falkner
handschuh. dreh. wach sein. auf die brandung horchen

zum strand hinaus. fahren. stare
im gebälk. *und alle. gitter. fallen
ab.* im regen, gegen morgen, auf-
rauschende sicht. aufstauchender

schliff, aus dämmerung. gischt-weiß,
erinnerung, aus medien (pfiff,
paff) einschießender hall (strahl)
der sich noch einmal nähert, ver-

pufft. im luftstrom diese vögel
sehen (riechen) in ihrer rost-
farbenen formation. rotierend durch
wolken, stäbe. anschwellen zu muskeln

aus federn. und nicht bleibt durst
auf seinem flug kopfüber. blasses gesicht
treibt durch die wellen, mischt sich
in die asche ein. schleift so vergessen

die dünnere schicht? in tautropfen (gischt-)
hinuntersinken. trauer zerstieben
will, stäubchen, räume, und wieder
in-eins-zieht, blisternd, *basalt-*

und eisenmoleküle, dunkelnde bäume
tiere, die kriechen, rauch, impulse
gehen durch sie hindurch
reste von sauerstoff-plomben

glitzern auf der hand, ohne bezugs-
punkt. streifen. und überschreiten. wie
-los. wie rücksicht. vorsicht. in bändern
eng an die krallen geschnallt

pinien. einzelne zäune. einzelne liegende punkte
die tiere sein könnten. töne, verändert, säumen
mit jedem schritt näher, ein klingeln, läuten
fast klopfen, von blechernen schellen, von glocken
vereinzelt. töne, die drehen, an steinen sich
brechen. im gehen. zäune. einzelne liegende
punkte, die tiere sind, anfangen sich zu rühren.
stare, in schafe verwandelt, einzelne weiße ziegen
die tümpel sehen, reste von sümpfen. lämmer
zuckeln vorbei, ziegen, die mit leicht geducktem kopf
in eine richtung ziehen. hier schafe, dort ziegen, die ganze
wiese gerät in bewegung. einzelne rennen, einzelne
schieben die hufe langsam zusammen. alm hier
campagna. bimmelndes gras, das die schafe durchqueren
als sei die schwerkraft aufgehoben, für momente
halber schlaf nur in den gelenken. herde im fluten
herde am strand. ein klingeln, umsäumen, kling
klang, im dichten sich-drängen. auf daß die schafe blüten
braunalgen, pfeffertang zu fressen finden, *meerhelle* fluchten
von der wilden, wilden see. entlang der nehrungen schnuppern sie
mit ihren campanellini. qualm hier. klampawa
die hufe riechen nach rauch, der von den kleefs
den lichten sümpfen schnell herüberzieht. wie die sandschwalben
die in den ufern an den flüssen ihre nester bauen. gemisch
aus wasser, lehmsand, luft, einer meerlunge ähnlich,
in welcher land und meer schweben und die schafe
von lauen lüften hin und her gewogen werden, breschen schlagend
ins gehege der wellen, *strauchbuchten*, algen aus gischt

nur diese farben jetzt. *hoch*
über meinem kopf. steigend, fast
auf ihm treibend, wie die geräusche
kreisender stare, ihr zapfen an dünnerer
luft. wie die bewegung der pinien, nicht
gehaltene weite, welle, nirgendwohin, fast wiegend
die augen, ehe dies aufreiben, harschen, wie stich
von einschluß. salzwassergeruch. reißt an, grell, im
fallen, steigt, haushoch. erneut. wie stürze, wie kralle
in erinnerung. vom schauen, sitzen
fast eingeweht. noch einmal durchlebt. in die töne
geschrammt. in falten, falkenwellen wie lücken gedacht
wie arbeiten. für. eine art. von sehen. aus. klängen,
klingen, in blättern, drähten anwartende drift, ein-
drehender pfiff, farben, die anzubranden suchen
wie *hoch über meinem kopf der wasserspiegel*
hörbar, in sich, der nahsicht entzogen
wellen, die schlagen, reste von grünen strahlen
und nester sich wandeln, nesseln und nachsicht
niesel mit seinem drang, spürbar zu sein
umzuschlagen in wehen, sich zu verteilen wie nichts

irgendwo schlüpfen sie plötzlich aus
in einem unscheinbaren nest. wenn man klopft
gehen die schnäbel auf und die körner

die den fluß durchqueren, quellen von unten
weiter. ein paar stimmen kommen herein
in den käfig aus licht. wenn die tür aufgeht

hinter dem haus und die männer in ihren westen
den garten durchqueren, teilen die vögel es mit
ihren verwandten, ihrer umgebung

kommen die büsche entgegen, die sich kurz
voller lust, an einen falken erinnern. ein paar
pfiffe wischen quer durch den raum, eher still

und unbemerkt von den schafen. wenn der wind
schnell genug an die hauswände kommt, gehen
die fenster wieder auf, und die kinder, mit ihren

schreien, laufen quer über den platz. irgendwo
hinter einer tür, die noch offensteht, kann man
die jungen vögel hören. man klopft

und hofft, ein bißchen tang zu sehen, ein paar
flügel, *langsam und schwarz*, und einen tisch
an dem jemand sitzt und tiere zeichnet

... die sichel, falx,
wegen der krummen krallen, und falk, falkaune
feldgeschütz. der falke streicht und schlägt
läßt seine scharfen augen schweifen. in seine
flügel ist gold, um seine füße sind riemen
gewunden. gefolgt von fälkchen, valkje. da
wohl tausend stare lagen. mit einem stoß
fliegt er dazwischen, weiß zwischen «führt»
und «fuß» zu unterscheiden. als ob er sieben
stück entnehmen wollte. die stare
fliegen scharenweise, rauschen durch die luft
sie streuen ihr gesprenkeltes gefieder. sind storn
und storre, fallen auch.
                      wo schafe sich befinden
sicheln sie wachsam, setzen sich auf rinder
picken die insekten ab. der falke starrt
von einem baum. als strich. sieht eine schar zer-
stieben, hat streu im blick, sterile, splinter
sieht steineulen und kugeln, als sei ein tropfen
feuchtigkeit aus dem hirn ins auge gedrungen
und erstarrt. wegen der dunkelheit.
als habe er stare und schwalben im traum
gesehen. mit ausgebrannten wassern
schneehuhn, bei tageszeit
zu fangen. er fackelt aus. er sieht die stare
schon als spreu verfliegen

schon möglich, daß krähen
im kopf sind, die dort nicht hin-
gehören. etwas zischt
in den büschen, vielleicht

ein nest, aus dem ein paar
insekten kriechen, mit lack
an den füßen und ein-
geklappten flügeln.

vielleicht ein star, dem jemand
einen faden mit leim an
den schwanz gebunden hat
der zwischen strichen

langsam verschwindet.
es ist ziemlich neu
an die tiere zu denken
ihre lust, schnörkel zu treiben

sich auf den zeichnungen
langsam zu strecken. bisweilen
nachts, wenn unter dem giebel
licht hereinfällt, kann es sein

daß man die bilder schnell
aus einer schublade kramt
mit etwas saft darin
und hellwach im kopf

wie plötzlich geboren
die schublade dehnt sich
schläfrig und irgendwie grün
als wäre es derselbe raum

von dem man meinte
ihn vergessen zu haben.
man springt hinein, im fallen
fallen, und stellt fest

daß rüssel und löwen an wolken
erinnern, an bärentatzen
an der wand, oder die fleder-
mäuse doch falken ähneln

die von schafen gejagt werden
als gehörten sie genau
dort hin. vielleicht ist es offen
ob sie aus sich heraus-

fallen können, wenn
ihre augen meerlungen
gleichen oder sie
von ihren routen ab-

gelenkt werden. mir fällt ein
was mein vater erzählte
mit einem sandkuchen in der hand
wenn er als kind tiere

zeichnete, eulen vielleicht
giraffen, nickende
elefanten, hatte er immer
die namen vergessen

plötzlich verschwunden
und hoffte, zumindest die tiere
würden sich an ihn erinnern
an sein keckern, wörter wie

kind. die nacht danach
träumte er von einem käfig
in dem ein kleiner vogel saß
der einen faden hinter sich herzog

mit einem winzigen wespen-
nest daran, wie ein glöckchen
aus pappe, und ein paar federn
die sich zusammenschieben ließen

erinnern, natürlich geht nichts (sagen die kinder)
ohne zahlen. elf häuser sind uns gegeben, zehn
stehen in reihe, eines liegt hinter einer wand
aus büschen und bäumen, fast wie ein loch

in das man schlüpfen kann, nicht zu versäumen
sich stümpfe zu denken und säulen, löwen, das
glas. zwei falkner stehen davor, zwei falkner
mit zwei falken. doch merke: sieben ist

erstens: zahl. vögel und schreie in reihe zu bringen
den fingern zu helfen, sich etwas zu merken
das vielleicht gar nicht so war. zweitens, als handlung
eingefügt: den sand von den schafen, die stare

von ziegen zu unterscheiden, als wären es tiere
unserer wahl. den zuschlag erhält, zum dritten: der bär
schau wie er dasitzt in haus nummer vier, ein freund des
büffels, der die vögel hört, die das mädchen, in der fünf

zum singen bringt, mit ihrem bogen. doch nicht so schnell
nicht so gedrängt. wir sind bei viertens: das sieb, en sieve
könnte ein käfig sein. du weißt, die vögel singen
nicht. was wir hören sind schreie. was wir sehen

sind falken im gebüsch. wie sie nicken und, fünftens:
beißen (nach ein wenig gebastel). als würden ohr
und auge nicht zusammenpassen. wessen schnabel, wessen
genick? während sich schafe in stare zurück-, ja, doch, zurück-

verwandeln lassen. egal, ob wir das wollen? ja, genau
sechs mal. die stare sind verschwunden
nicht vergessen. der in der sieben sitzt, bist du. der falke
sieht beim fragen zu. er wächst. will von den federn essen

was siehst du, im hören, jenseits der pfiffe den raum
fliehender tiere. baumkatzen, löwen ohne gepäck
marder, die nach unten hin gestrichelt sind
geriffelt wie hornschild die krallen (schlichtkleid) im fallen
von ast zu ast, dem hecheln nach luft, auf diesem stück
papier, kreiselnd dem boden entgegen. und sorge sagen?
trägst du die kluft? nach oben. ins gedachte nest
was riechst du, wenn du durch die seiten gehst
im kopf, reichen der bleistift (graphit), der angemalte dampf
vorm maul. oder die ohren als trauben, die kugelnden augen
klettern sie herein?
              höhle, schnitt, in die höhle
(hebelte die flasche. aus. dem stein). blaue kugel-
schalen (blauligt). würfel von steinsalz. carnallit. darin
sich: zapfen. halten. im ton. nicht ist es. aber: glas. wie
streichst du, tropfen zu tauschen, den korken aus
dem -hals (plop!). und rascheln, flink, ein schwappen
von wellen, aus flügeln, heraus, hügeln aus federn, aus luft
gemachter bausch, buchfinken, möwen, winzige
elefanten (stampede), die sorge tragen, im keckern,
ratschen, falten sie sich, in striche und kanten,
verschwinden, -schwunden, in wune, wachsen sie ein?

war der erinnerung weg ein anderer doch
gehen nicht immer nah der schrift, dem schritt
eher ein käfig, kerbtier womöglich, ein kleiner
käfer aus dem grauen tiber steigt, feste
plombenartige augen (war ein gedanke
spüren ließ er sich), der petersilienduft
seiner fühler hakte sich ein, *wie ein falke
wie ein ziel.* haben einander und zerstreuen
was gerade hier schien. wußten die stare um
diesen dreh? ähnlicher wurden sie
den bewegungen seines panzers. durch-
zogen zweimal, mit ihren pfiffen, die luft. gewiegt,
gerüttelt, als pflanze des hohen tons? mit
halbem strich: gewebe, und die gefäße
gut erhitzt. war, auf den flügeln, es ein weiß,
pfeilschnur, das nest zu zerteilen. deckflügel,
deckerinnerung. sah, was da schlug, immerzu
hart an der krone wandern, notlinie, wachsam
sein, nicht herauszufallen aus sich, heraus
aus dem knirschen im kopf. pinie, krabbeln auf
ihrer rinde, wuchs noch der weg in sie hinein

aber die krähen auf den grauen wiesen draußen sind schon wach
wach sind die schafe und die stare auch, und suchende falken
flutunter ihre spuren, durch die wiesen draußen, wie hochsee
oder fische tauschen, sie schließen ihre augen nicht, sind leicht
zu greifen? bein, schwimmschaft-route, unterzuckerung
daß man sie ziehen kann aus den gewohnten wiesen, noch einen
augenblick lang festgehalten. sich wegbegeben aus den frisch
gestrichenen häusern, rasch, die stare zu begleiten, die kälte
die sich um sie schließt, in diesen warm getankten wiesen
nisten sie sich ein? holen die fenster und die grauen gräten draußen
auch pfeffer und basaltmücken, sandschwalben, grüne kabel
mit randbestand, aus ihrem strich? holunder auf die wiesen
und wasser, das man riechen kann, darin zu suchen, mit ohren
nach krallen, daß kein gran verlorengeht. flugwechsel,
die unteren meere, es ziehen monde, sich, auf jeden schlag
ein in die wiesen, sitzen in den schnäbeln fest, aquatisch,
wach, die schafe frieren nicht in ihrer nähe, haben sie lust
zu versinken? oder feuerkerne? hart sitzen stifte auf
den zäunen. tragefarben. moos. die schafe kommen an
die stacheldrähte, reiben ihre hufe an den pfosten, schieben
sich der mauer, verbrannte wiesen, mit ihren lasten entgegen

wo die roten schafe sich bewegen
wagen auch die wolken sich zu legen
tragen ihre federn alle falken
daß sich ihre falkenkraft belebe
scharen sich gehege um die stare
wo zuvor keine gehege waren
strahlen wellen wassergleiche zellen
bilden blätter, die nicht blättern gleichen
ufernahe zeichen, die nichts zeigen
und die zähe neige einer weichen
stadtlandschaft im hintergrund, die klaren
stufen sind wie abgebrannt, mit runder
klinge, die in ihre spitzen einfällt, unter
leichter hitze, ihre dichte ändert
um rundum in linien auszulaufen
fluten abzuhalten und zu falten
was als licht und sicht nur vorgestrichen
stille ist und luftabwesenheiten
tag nicht, nacht nicht festgezeichnet
lückenhaft, wie fehlen, stare, falken
ihre zeit in stücken hingehalten

der zeiten eine nur gibt es: weite der spur, die versiegt ist: einzige
wiederkehr buchen: zeile des grams. in einer zelle sitzen, gegen glas
schlagen. bisweilen kommen töne herein. klopfen, ein simmern. etwas
zwitschert beizeiten. der ausschnitt ist klein. striche. kanten. die linie
setze ich ein. es gibt nur eine jahreszeit für mich, für dich
sind alle stare grau. du hast nichts davon vergessen. erinnere dies:
mit uns läuft die zeit nicht einfach so weiter. farbschichten trage ich
auf. altrosa. pfirsich. feine nuancen von blau. von grau. in meinem kopf
ist alles entleuchtet. ocker ist grau und pistazie. malve ist grau. limonen-
grau. teergrau. blauestes grau, das sich vorstellen läßt. sehr dicht
sehr strano. will sagen: alles irgendwie schräg
verteilt. die flecke, schatten, die wechselnde temperatur
kannst du nicht fassen. hauswände sehe ich vor mir, ich setze türen
fenster, setze büsche und pinien hinein. noch einmal hole ich feuer
aus meiner lunge, setze die büsche in brand, entfache den ganzen hoch
entzündlichen stoff (in meiner brust, in meiner jahreszeit brenne ich
alles aus). strähne für strähne sitze ich hier, am pult, am schnitt-, der puls
wird jeden tag gemessen. blutwert. sauerstoffgehalt. ich spreche nicht
wie mir der schnabel gewachsen ist. doch am ende
sind es wie immer tiere, die in mir streunen. etwas mit falken
schafen. etwas mit grünlichem licht, das in die pinien blitzt. du kannst es
sehen, wenn du willst. ich muß nur noch die seite falten, etwas in grau
übertragen. durch diesen filter mußt du hindurch

brutpaare, wachsam, in einem baum
hohlbaum mit dunkelnder krone, funken im sattel
ohne geduld, und die laubhölzer wechseln
als tauche jemand ein in die strecken
zwischen dämmerung und dämmerung

hauswände. abflußgräben
gefieder mit grauen und weißen flecken
auf der stimme liegt *etwas wie sandpapier*
wenn die stare das pfeifen einstellen, kräuter einziehen
in das nest. feste umbindung der sicht
was provisorisch bleibt, unter den blättern

und finden von körnern, marin, die kleinen vogelaugen
glitzern, als tagtraum, warm, zwischen den wasserästen
die in der luft stehen, für momente, auf licht warten,
zucker, seine bewegung von staub zu geräusch

an seinem pickern leicht zu erkennen
oder sind es schafe im wasser
aus großer entfernung gesehen
blasen sie sich auf, schweben als bauschige kugeln
zwischen den wellen, ohrenwellen
geduldig und zur wut doch fähig

nicht den wald aufessen!
was ist los mit dir?
nur noch ein kleines bißchen mehr

tranken schließlich den see leer
verputzten den ganzen strand

riesiger weißer flausch

der vor dem nest auftreibt
sich auflöst, knistert

im erinnern. gedanken an schneegeister,
flugdrahtanlagen. der landwind trägt den leichten rausch
und zerstreut ihn. nirgends zu landen, nirgends
die vögel auf schleife zu halten

stachliges grünes tier, das strömungen bindet

fraß sich durch zwei birnen,
ein stück berg

das ende ist eine wiese

die man zeichnen kann

und buchstabieren

wörter wie *staubwolke, vogelfraß*

mit brühen, wie blut, glut mit blühen,
glühen zusammengestellt

brutpaare in den bäumen

glas schneiden

einen sinn für den winter haben

für zorn

lichtleitungen

knirschen

    knirschen auf einem ast

lag frostig das land bloß
kam der falke zuerst
wolke von zündsternen
aus karmindunst gelenkt
vorerst kein star mehr
mit kräutern und krähen
kein meer, dem das eis brach
mitten im park. das hirn
ist rund und kugelwarm
schält sich der schwarm
durch den himmel hindurch
die eiweißen segel
zu schalen gebläht
und seegang ist
zwischen den flügeln
den fingern kein pfad
aus naßgewischten linien
zügel aus gras suchen
was leicht nicht davonweht
kommt hier ein trost
durch die luft? *spähen*
ein wort und *vorsicht*
stoßen die schnäbel sich
mitten im flug. chinin
liegt über blättern, hügeln
sehr helle federn
volte der drähte
ziehen ein ins dach

in weiter schleife, von rinde umgeben
flaumregen, der sich rasch bindet
wie durch einen tunnel aus licht gezogen
rauscht etwas, kühlt sich schnell ab
das auge: starr und im: schnabel die beere
vogelbeere
kühlt sich schnell ab.

das war der kopf. der schnabel. stich
das war das grau. die sonne strich:
so viele vögel. so viel raum
ich kam daraus. auch trauer war.

der aufgespannte himmel. milchstraße
schimmel, bleiweiß
die dünne stille der erdatmosphäre
ameisen, weiß
in einem noch weißeren weiß
dies sehen (es nicht sehen)
dies hören (es nicht hören)

die kralle: das. der vogelfuß
lichtkäfig. draht. der knochen trug
radioblitze. rissen wellen
auf diesen federn. pinseldicht

mehlschimmel um das auge, aufgestäubt
das weiß ein noch weißeres weiß als dieses grün und grau
rundum, abschimmernd, dunkelnder ton, fast funkelfarben
schnabel graphit, ein schmaler keil, mit licht auf der spitze,
gegenlicht, maistern, bis in die schwingen gefleckt und stapfen

die ein kleiner vogel auf den federn hinterläßt, kein
plustern, um das auge, ausgehäubt

von flug. von schlaf. fast kühl
gemacht. schallwellen: treffen
auf am kopf. das war *geschluckt*
war *abgelenkt*. um seiner selbst

ins meer gebracht. sorge war hier
und war auch zahl. als pfeil

mit griffel, kralle, fast zersprengt zwischen federn
flügeln in grüner luft. traum von versenken, durchsichtigsein
traum von sich kümmern in grüner luft. krümmen sich striche
und falken, weit in die krone, säumen für-sich-sein, nicht ohne
sicht, auf stare zuhalten, krähen, auf falkner, ohne lücken nicht
zu verschalten, inmitten von keckern, sich überlagernden tönen, etwas
laden, magnetisch, es warm machen, eines für andere, stapfen im sinn

Anmerkungen

Die wichtigsten Anregungen verdanken sich:

anfangen, wieder: Elke Erb, Friedrich Hölderlin, Ovid, Eliot Weinberger.

schneebeere: Mircea Eliade, Kalevala, Terézia Mora, Klaus E. Müller.

funken: Tomte Tummetott.

besuche im klinikum: Elizabeth Bishop.

hufe zählen: Mit Bildern und Texten von Salvador Dalí, Federico García Lorca, Eugène Ionesco, Sor Juana Inés de la Cruz und René Magritte – sie alle hatten eine große Bedeutung für meinen Vater Rolf Bleutge (1941–2017).

was ein wunsch wäre: Entstanden in Auseinandersetzung mit Gedichten von Helwig Brunner, Carolin Callies, Simone Lappert, Elke Laznia und Birgit Müller-Wieland im Rahmen des Projektes «Netzwerk : Poesie», ausgerichtet vom Literaturhaus Niederösterreich; Annette von Droste-Hülshoff, Thomas Kling.

pelzentbehrt: Rosmarie Waldrop, Kathy Zarnegin.

schlafbaum-variationen: Ilse Aichinger, H. C. Artmann, Elizabeth Bishop, Inger Christensen, Ágnes Nemes Nagy.

Inhalt

I.

anfangen, wieder 7

dies nagen, ineinanderdrehen 9
nicht am kopf berührt 10
was ist diese wärme 11
streunen, trauben, zwei augen 12
babecke hame 13
die striche jetzt 14
und schiebst du den wagen 15

schneebeere 17

schneebeere, leichthin weiße 19
schwemmt sich an 20
ritzung das geritzte 21
saß auf dem boden ein kind 22
taggleiche, ein hellwerden 23
und einmal eine handvoll schafe 24
rund mit den augen im dickicht 25
unzählige stelzen ragen 26
bin ich im eismeer 27
mit einem rehbock reisen 28

funken 29

(1) 31
(2) 32
(3) 33

II.

besuche im klinikum   37

hufe zählen   43

sich elefanten denken   45
eintreten, zischen   46
druckstellen. pumpen. dieses flache   47
sekundenweise druck des katzenkörpers   48
vier lichter blinken in der nacht   49
mein hut hat sieben   50

was ein wunsch wäre   53

winzige lungen   55
was ein wunsch wäre   56
doch diese augen leuchten gelb noch   57
das flattern im brustbein   58
den flocken folgen   59

pelzentbehrt   61

und drüben bleiben   63
pelzentbehrt. heißt ohne   64
von gram gesprochen   65
eiförmig, herzförmig   66
mit stark verkieselter wand   67
kugelhaft. als wäre körper   68

nicht sichtbar sein, unter   69
sie brechen nicht, die stränge   70

III.

schlafbaum-variationen   73

natürlich kann es sein   75
und was ist niesel   78
du hast sie gehört   79
parkfläche, raschelndes   81
von einem fenster aus   83
tiere einzeichnen   85
zum strand hinaus   86
pinien. einzelne zäune   88
nur diese farben jetzt   89
irgendwo schlüpfen sie plötzlich   90
… die sichel, falx   91
schon möglich, daß krähen   92
erinnern, natürlich geht nichts   95
was siehst du, im hören   97
war der erinnerung weg   98
aber die krähen   99
wo die roten schafe sich   100
der zeiten eine nur   101
brutpaare, wachsam   102
lag frostig das land bloß   105
in weiter schleife   106

Anmerkungen   109

Der Autor dankt der Deutschen Akademie Rom Villa Massimo und der Calwer Hermann-Hesse-Stiftung für die Unterstützung seiner Arbeit.

Die Arbeit am vorliegenden Buch wurde vom Deutschen Literaturfonds e. V. gefördert.

Nico Bleutge bei C.H.Beck

Drei Fliegen
Über Gedichte
327 Seiten. 2020

nachts leuchten die schiffe
gedichte
87 Seiten. 2017 erschienen,
2. Auflage 2019

verdecktes gelände
gedichte
75 Seiten. 2013 erschienen,
2. Auflage 2019

fallstreifen
gedichte
79 Seiten. 2008 erschienen,
2. Auflage 2009

klare konturen
gedichte
88 Seiten. 2006 erschienen,
3. Auflage 2019